CONFLIT

HISPANO-CHILIEN.

PROTESTATION

CONTRE TOUTE LA PRESSE FRANÇAISE,

ENTRE LES MAINS DE S. EXC. M. LE MINISTRE DES AFFAIRES ÉTRANGÈRES DE FRANCE

A PARIS.

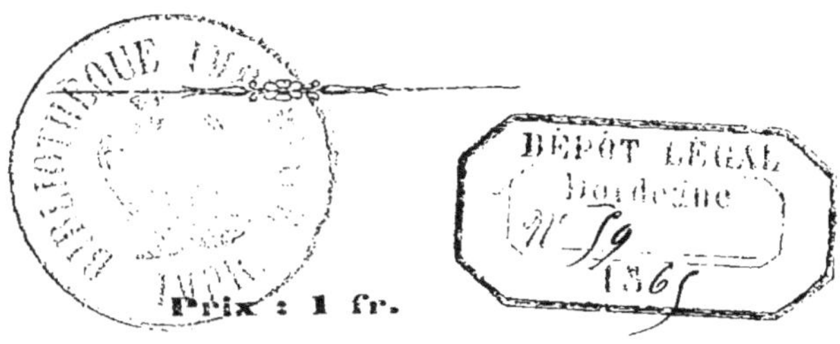

Prix : 1 fr.

CONFLIT HISPANO-CHILIEN.

Périgueux, le 24 Novembre 1865.

A Son Excellence Monsieur le Ministre des Affaires Étrangères
de France à Paris.

Excellence,

Permettez-moi d'avoir l'honneur d'appeler toute votre attention sur le conflit hispano-chilien et de vous faire connaître comment le Chili respecte la France et les Français.

Le *Times* et ses correspondants s'efforcent à démontrer que le blocus des ports chiliens par l'escadre espagnole est un accès de folie.

Toutes les fois que les intérêts des Anglais sont lésés, ceux-ci ne balancent pas un instant à chercher à compromettre, discréditer dans leur honneur, comme dans leurs intérêts, ceux qui les gênent.

« Le Chili, dit le *Times,* est pour l'Espagne un antagoniste » autrement important que le Pérou. »

Ce journal et ses correspondants ignorent sans doute que le Pérou possède dix à douze bâtiments de guerre et que le Chili n'en possède que trois, le premier, l'*Esmeralda,* de 24 canons, dont 23 de 12 et un de 48 ; le deuxième de 4 et le troisième de 2, en tout trente canons de marine. Si le Chili est plus à craindre que le Pérou, il faut que ses canons et ses marins soient bien supérieurs à ceux des Péruviens ; mais, puisqu'ils sont plus forts, pourquoi se laissent-ils bloquer?

Ils ont trouvé l'occasion de montrer leur force et leur savoir;
ils peuvent se mettre en mer et ouvrir le feu avec la flotte espagnole.

La même correspondance nous dit : « L'amiral espagnol
» aurait reçu ordre de prolonger le blocus pendant un mois,
» et, après ce délai, de commencer le bombardement de Val-
» paraiso, s'il n'a pas obtenu satisfaction. »

Il ajoute :

« Heureusement pour l'Espagne que les escadres de l'An-
» gleterre, de la France et de l'Amérique, protesteront vrai-
» semblablement contre une telle mesure, et qu'elles sont as-
» sez fortes pour l'empêcher au besoin. »

« Le *Times* et ses correspondants semblent ignorer ou vou-
» loir faire ignorer que la frégate *Suteley*, de Sa Majesté Bri-
» tannique, en 1863, était sur le point de bombarder Valparaiso
» au sujet de la réclamation d'une indemnité de 50,000 pias-
» tres (150,000 fr.) en faveur d'un sujet anglais, Wietehead,
» qui avait eu un bras cassé dans la dernière révolution chi-
» lienne; le gouvernement chilien paya, et pas un Anglais ne
» fut insulté. » (Extrait d'une lettre qu'un de mes amis habi-
tant Valparaiso m'adressait à la date du 26 mars 1863.)

La même lettre continue ainsi :

« Vous ne sauriez croire quelle haine les Chiliens profes-
» sent en ce moment pour les Français au sujet de la guerre
» du Mexique, et les insultes qu'ils prodiguent à l'Empereur
» dans tous les journaux, principalement dans le *Mercure*,
» qui, étant le plus répandu, popularise le plus la haine du
» peuple contre nous.

» Si notre gouvernement avait su se montrer fort chaque
» fois que cela était nécessaire, faire payer les nombreu-
» ses indemnités qui sont dues à des Français pillés par les
» propres soldats du gouvernement chilien, officiers en tête,
» dans les magasins de nos malheureux compatriotes, enle-

» vant tout ce qu'ils ont trouvé, et les laissant dans une ruine
» complète, les Chiliens auraient un peu plus de respect pour
» l'Empereur et pour nous.

» L'Angleterre, au contraire, est crainte et respectée, et
» pas un mot, même en ce moment, n'est prononcé contre elle
» au sujet de l'affaire du bombardement; on en parle à voix
» basse, voilà tout. Du reste, les Anglais ne le souffriraient
» pas; c'est qu'aussi ils se sentent appuyés par leurs consuls, et
» ceux-ci par leur gouvernement, tandis que nous n'osons
» rien faire, parce que nos consuls n'appuieraient point nos
» actes ni nos réclamations, et qu'eux-mêmes, n'étant pres-
» que jamais soutenus par notre gouvernement, se trouvent
» dans l'impuissance et sont forcés de jouer un rôle ridicule
» et souvent honteux.

» La France n'est pas assez riche pour se montrer si géné-
» reuse et se laisser piller et insulter impunément; vous qui
» venez de passer par toutes les misères que je viens d'énu-
» mérer, je suis certain que votre opinion ne peut beaucoup
» différer de la mienne à propos de nos consuls. Remarquez
» bien que je ne les condamne pas; — seulement, à l'étran-
» ger, le gouvernement actuel suit la même politique que du
» temps de Louis-Philippe. »

J'ajouterai à la lettre de mon ami que, si le gouvernement ne
soutient pas nos nationaux à l'étranger, c'est parce qu'il a der-
rière lui les journaux et les chambres qui le harcèlent, toutes
les fois qu'il veut faire des expéditions lointaines. C'est avec la
plus grande peine, Excellence, que je vois la France excessi-
vement pauvre en hommes politiques; elle a de grands par-
leurs, et c'est tout.

Voici l'extrait d'une autre lettre du 1er juin 1863 :

« En vous disant précédemment que je croyais le Pérou
» moins animé que le Chili contre la France, je me trompais;
» on vient de me dire qu'au Pérou on va jusqu'à insulter

» personnellement dans les rues nos compatriotes, et que
» les journaux de ce pays sont encore plus furibonds et plus
» grossiers que les journaux chiliens dans leurs invectives
» contre l'Empereur et contre la France ; cela ne doit pas être
» peu de chose à en juger par ceux d'ici, qui ne gardent guère
» de retenue ; ils vont jusqu'à dire qu'ils ne craignent aucune
» attaque, et que bien qu'ayant tous leurs ports bloqués , ils se
» moquent de n'importe quelle grande puissance qui voudra
» les attaquer. Les journaux chiliens ont donc soulevé l'opi-
» nion de tout le pays contre la France ; ici tout le monde lit
» les journaux et croit aux mensonges qu'ils renferment bien
» mieux qu'à l'Évangile ; jeunes demoiselles et jeunes gens ne
» parlent plus que politique ; c'est la conversation de tous les
» salons, de toutes les réunions. Les insultes prodiguées à
» notre pays n'en soulèvent pas moins toute notre indigna-
» tion et notre colère au plus haut degré, et nous les suppor-
» tons impatiemment ; aussi espérons-nous tous que notre gou-
» .vernement saura en tirer une juste vengeance pour châ-
» tier et abattre un peu l'orgueil de ces fiers, mais grossiers
» républicains.

» Les journaux de Santiago et de Valparaiso ont demandé
» plusieurs fois à leur gouvernement qu'il fasse revenir de
» France leur chargé d'affaires, et qu'on refuse de vendre des
» vivres dans leurs ports à nos navires de guerre. Ils vien-
» nent de le demander pour notre frégate-amirale *la Pallas*,
» qui se trouve dans ce port en ce moment.

» L'escadre espagnole n'est pas encore partie ; une chose
» bien étrange concernant les Espagnols se produit ; la voici :
» Pendant que l'amiral espagnol est fêté en apparence par la
» première société, sa musique, qui est venue jouer à terre,
» n'a cessé d'être insultée par le bas peuple ; on a jeté de la
» boue sur les instruments et sur les cahiers de musique.

» Dans les rues, les gamins chiliens suivent les marins es-

» pagnols, en leur prodiguant toutes les insultes de leur riche
» vocabulaire. Il y a environ dix jours, leur musique était
» descendue à terre pour la seconde fois, pour jouer dans la
» rue de San-Juan-de-Dios, près de la place de la Victoire,
» devant une maison où l'amiral était reçu en grande soirée;
» les insultes de la populace furent si vives et les poussées
» contre les musiciens tellement incommodes, que ceux-ci
» finirent par riposter coup pour coup avec leurs instruments,
» dont plusieurs furent brisés sur des têtes chiliennes, et la
« mêlée devint générale; l'intervention de la police fut néces-
» saire pour apaiser cette bagarre. »

Extrait d'une troisième lettre du 30 mai 1863.

Le vapeur d'Europe vient de nous apporter des nouvelles
du Mexique, mais tellement dénaturées, comme d'habitude,
que nous en sommes indignés au plus haut point. Les journaux du Chili publient de telles calomnies contre l'armée
française et le général Forey, que c'est en dehors de toutes les
bienséances connues. A les en croire, les soldats français
ne seraient que des lâches et des barbares; les indignités les
plus grandes sont publiées dans la presse de ce pays contre
l'Empereur, ses ministres, et même contre la France tout en-
tière. Hier soir a eu lieu à Valparaiso une grande réunion de
la société intitulée l'*Union Américaine*, pour faire une mani-
festation contre la France, avec musique en tête et illumina-
tion. Nous autres Français ne savons comment contenir notre
trop juste indignation; cela dépasse toutes les bornes de la
patience, et nous en demandons à notre gouvernement vengeance, avec la réparation la plus grande!

Voilà, Excellence, des échantillons des traitements que les
Français reçoivent au Chili!

Plus tard, à l'époque du différend du gouvernement espagnol

avec le Pérou, le gouvernement chilien refusa des provisions à l'amiral espagnol ; tous ces faits et autres que je n'énumère pas sont de nature à mériter une juste réparation.

Lorsque l'Angleterre demande une réparation soit nationale, soit pour un de ses sujets, elle agit sans faire de bruit, mais d'une manière sûre ; si, au contraire, les intérêts ou l'honneur d'une autre nation sont en jeu, elle crie bien haut, protestant que les réclamations et les mesures prises nuisent à l'intérêt de son commerce.

Les Anglais savent que s'ils éprouvent des préjudices, ils ont un gouvernement qui sait les faire payer ; mais ils savent aussi qu'une nation quelle qu'elle soit, fût-elle sans argent comme sans crédit (c'est ainsi que les Anglais traitent l'Espagne), doit obtenir réparation toutes les fois qu'elle a été offensée ; s'il en était autrement, le droit des gens pourrait être rayé des lois universelles.

Si les nations ne se faisaient pas respecter, comment pourraient-elles faire respecter leurs nationaux ? Le droit, l'équité et l'honneur appartiennent tout aussi bien au faible qu'au fort ! J'ai l'espoir que les gouvernements français, anglais et des Etats-Unis ne se laisseront pas entraîner par le *Times* ni par ses correspondants, et que s'ils interviennent dans le conflit entre l'Espagne et le Chili, ce sera pour les concilier, pour conclure une paix honorable entre les deux États, et jamais pour empêcher l'Espagne d'obtenir satisfaction ; ce qui serait indigne de trois nations civilisées.

Ce qui précède était écrit lorsque j'ai eu connaissance de la dépêche portée par le *Tasmanian*, au résultat de laquelle les hostilités sont ouvertes entre l'Espagne et le Chili : le gouvernement chilien est autorisé par ses deux chambres à négocier un emprunt de 20,000,000 de piastres, pour lever des hommes et armer les navires nécessaires pour se défendre contre l'ennemi.

A l'époque où le gouvernement espagnol avait un différend avec le Pérou, le Chili vota quelques millions pour augmenter sa marine ; mais jusqu'à présent ce vote est resté couché sur le budget, et la marine chilienne est encore limitée à ses trente canons ; il faut espérer que les 20,000,000 de piastres auront le même résultat.

En 1858, l'Angleterre prêta au gouvernement chilien 7,000,000 de piastres pour faire son chemin de fer de Santiago à Valparaiso ; vers la fin de cette même année, la guerre civile éclata au Chili, et le gouvernement employa l'argent des Anglais à faire la guerre à l'opposition, à corrompre les hommes avides d'argent ; il est à croire que les Anglais se sont contentés d'avoir été trompés une fois, et qu'ils ne prêteront plus d'argent à un gouvernement qui non-seulement n'a pas de crédit, mais qui est dans les plus grands embarras pour payer ses employés.

L'Espagne ne doit pas se laisser intimider par les bravades d'une petite puissance que je compare à un grand enfant qu'on a laissé grandir sans jamais lui donner aucune correction et qui veut que tout lui soit permis dans ses discours privés comme dans ses écrits publics, jusqu'aux insultes les plus grossières contre les chefs des Etats, contre leurs ministres et contre les peuples ; je possède des collections de ces injures chiliennes ; mais elles sont trop grossières pour les mettre à jour dans un pays civilisé.

Les Chiliens, depuis leur indépendance, n'ont eu pour tout haut fait d'armes d'autre mérite que celui des guerres fratricides ; jamais ils n'ont eu à combattre avec l'Européen ; il est bon qu'ils reçoivent une leçon, mais une de celles qui comptent dans l'histoire d'un peuple.

Je viens d'apprendre par les journaux, Excellence, que les ministres britanniques, réunis en conseil le 18 novembre, ont résolu « d'adresser des remontrances énergiques à l'Espagne » ;

ces remontrances seraient parties le même jour de Londres, confiées à un courrier de cabinet qui les porte à Madrid.

Ce n'est pas sans une profonde douleur, Excellence, que j'ai vu les journaux français approuver la conduite du cabinet britannique et blâmer l'Espagne. Les faits que j'ai cités suffisent pour démontrer que nos nationaux à l'étranger et spécialement au Chili, ont éprouvé des pertes matérielles et sont constamment l'objet des injures les plus grossières ; le devoir de la France est donc de les faire respecter, et, sans déclarer la guerre au Chili, elle peut obtenir une réparation, en aidant moralement l'Espagne à obtenir satisfaction. Cet acte ne manquera pas de rejaillir sur les Français et aura un résultat salutaire pour l'avenir.

Dans l'espoir de faire revenir la presse française d'une erreur involontaire, sans doute, j'ai l'honneur de déposer avec respect entre vos mains, Excellence, une protestation dans l'intérêt de tous nos compatriotes à l'étranger, et spécialement au Chili, contre les journaux français dont il n'y a pas un seul qui soutienne les intérêts de la France à l'étranger; tous se bornent à reproduire des dépêches données par l'agence Havas, qui les tient des Anglais, lesquelles sont plus ou moins exactes, et après avoir publié quelques lignes sur chaque puissance, tout est dit; ils se renferment aux affaires intérieures, comme si la France était entourée d'un mur infranchissable, et ne s'occupent plus des Français qui sont à l'étranger. Aussi lorsqu'il surgit des différends qui intéressent au plus haut degré notre commerce extérieur, comme dans le cas actuel, les journaux ignorent absolument ce qu'ils doivent faire, et, dans cette fâcheuse ignorance, ils frappent leurs frères qui de loin leur tendent les bras et les prient de venir à leur secours.

La conduite du Chili mérite à tous égards une répression sévère et énergique. Il ne faut pas perdre de vue, Excellence, que l'Angleterre domine moralement toutes les républiques espagnoles, et qu'à ce titre son honneur, ses intérêts, comme ses nationaux, sont religieusement respectés, et qu'il s'en faut de beaucoup que les nôtres le soient. J'ai donc l'espoir, Excellence, que le cabinet français fera son possible pour faire triompher l'Espagne. Ce sera un coup décisif porté à l'arrogance et à l'insolence des Chiliens.

Veuillez agréer, Excellence, l'assurance de ma plus haute considération.

Prince O.-A. de TOUNENS.

Je reproduis ici la lettre que j'ai fait publier dans les journaux de Périgueux les 22 et 23 novembre courant ; elle est ainsi conçue :

« Périgueux, le 20 novembre 1865.

» Monsieur le rédacteur,

» Un décret de S. M. l'Empereur des Français vient d'opérer une réduction dans les cadres de l'armée française ; une occasion, peut-être unique, s'offre aux officiers et soldats qui voudraient continuer de porter vaillamment leurs armes, c'est-à-dire se joindre à moi pour m'aider à établir les intérêts français en Araucanie, dont je suis le chef.

» Si je puis revenir à la tête des peuples qui m'ont acclamé, il me sera facile d'employer avec honneur et gloire tous les officiers, sous-officiers et soldats qui voudront prendre part à la construction de l'édifice que j'ai commencé.

» J'ajouterai qu'il existe dans ce pays une riche mine d'argent qui non-seulement suffirait à couvrir la mise de fonds nécessaire pour notre établissement en Araucanie, mais encore fournirait de grands bénéfices.

» Cette mine se trouve dans la montagne de Huadaba, située près de Puren, à environ 30 lieues de l'Océan Pacifique ; elle est facile à exploiter, et les produits seraient aisément transportés à la mer : on calcule sa richesse à 50,000,000 de piastres (250,000,000 de fr.)

» dentes, à l'occasion de la dernière campagne d'Araucanie, il avait

» Ce que j'avance a déjà été énoncé dans le journal le *Mercure*, imprimé à Valparaiso, et qui fut publié pendant ma captivité ; en voici un extrait :

« *Mercure* du 5 février 1862, n° 10,340.

(Correspondance de Concepcion)

» Les mines d'argent. — Cinq mineurs signent dans l'avant-der» nier numéro du journal de la localité un article écrit à Nacimiento.
» Son but est de faire connaître la fabuleuse richesse qui existe enter» rée dans la gorge de montagne de Huadaba, que l'on calcule, sui» vant plusieurs personnes qui s'y entendent, à 50,000,000 de pias» tres (250 millions de francs), prouvant combien il serait nécessaire,
» en vue d'un trésor aussi immense, que le gouvernement suprême
» donnât toutes les garanties nécessaires pour qu'on pût extraire ces
» riches mines, sans obstacles de la part des Indiens.
» *A présent plus que jamais, on a besoin d'occuper, bien que ce*
» *ne soit que partiellement, l'Araucanie, pour prouver aux étran*» *gers la souveraineté du Chili sur ce pays*, ce qui éviterait qu'un
» autre aventurier comme Tounens s'introduisît dans l'Araucanie, afin
» de soulever les Indiens ; qu'on occupe donc définitivement Angol, et
» on aura conçu deux louables objets. »
» Cet article confirme ce que j'ai avancé au sujet de la richesse des mines ; il constate aussi l'indépendance de l'Araucanie.
» Les auteurs de cet article reconnaissent eux-mêmes que le Chili ne possède pas l'Araucanie ; sa souveraineté ne s'y étend point ; c'est donc une preuve de plus démontrant que le Chili a violé le droit des gens en venant me prendre sur un territoire qui ne lui appartient pas et où ses lois ne sont pas reconnues.
» Je prie tous ceux qui sont sympathiques à ma cause et qui désireraient s'y associer, soit de leur personne, soit de leur argent, de vouloir bien me donner leur adresse à *Chourgnac, par Hautefort (Dordogne)*.
» Je pourrai peut-être un jour utiliser leur dévouement.
» Je vous prie, monsieur le rédacteur, de faire paraître ma lettre dans votre plus prochain numéro.
» Veuillez agréer, monsieur, l'expression de mes sentiments les plus distingués.   Prince O.-A. de Tounens. »

Cette lettre a été reproduite dans la *France*.

M. Rosalès, ministre du Chili, a cru devoir faire reproduire dans le même journal sa lettre du 16 juin dernier, qui avait été publiée dans l'*Opinion nationale*, et par laquelle il me menace, ainsi que ceux qui viendraient avec moi, de nous traiter de pirates si nous faisions un débarquement illicite.

M. Rosalès semble ignorer ma réponse à cette lettre, qui fut publiée dans l'*Écho de la Dordogne* du 24 juillet dernier. Puisqu'il me force à la publier de nouveau, je vais la reproduire, la voici :

« Paris, le 20 juillet 1865.

» MONSIEUR LE RÉDACTEUR,

» A la date du 10 juin dernier, je faisais, par la voie de la presse, un appel à la France pour compenser, au moyen d'une souscription nationale, les dépenses que j'ai faites pour une œuvre toute nationale, toute française, toute patriotique.

» M. Rosalès, ministre du Chili à Paris, protesta par une lettre insérée dans l'*Opinion nationale*, et émit la doctrine singulière et tout-à-fait nouvelle que l'Araucanie n'a jamais cessé de faire partie intégrante du Chili, et que les tribus qui l'habitent sont soumises à son gouvernement au même titre que les tribus arabes de l'Algérie sont soumises à la domination française.

» M. Rosalès affirmait, en outre, que j'avais ouvert une souscription dans le but de me faciliter les moyens d'envahir de nouveau l'Araucanie, tandis qu'il n'y a pas, dans mon appel au public, un seul mot qui puisse justifier cette assertion.

» Un voyage d'environ un mois m'avait empêché de prendre connaissance de cette lettre ; mais, de retour à Paris, je dois une réponse à M. Rosalès.

» M. le ministre du Chili ignore, sans doute, le traité de 1793, intervenu entre les Araucaniens et le Chili, qui reconnaît l'indépendance de l'Araucanie et détermine le fleuve Bio-Bio pour frontières entre les deux Etats?

» Il ignore également la loi votée, le 20 octobre 1861, par la chambre législative chilienne, sur la demande du gouvernement, de voter une somme de 250,000 fr. pour fortifier la frontière d'Araucanie?

» Voici maintenant des documents officiels à l'appui de ce qui précède :

« DISCUSSION DU PROJET DE LOI CONCERNANT LES 250,000 FRANCS.

» M. le secrétaire Puelma expose que, dans une des sessions précé-

» établi que, pour garantir une complète sécurité SUR LA FRONTIÈRE,
» il fallait dépenser plusieurs centaines de mille piastres.... « Aujour-
» d'hui, dit-il, qu'on demande un chiffre si minime, je suis d'abord
» tenté de le déclarer insuffisant ; mais je me ravise, plein de confiance
» en M. le Ministre et dans les renseignements que le gouvernement
» doit avoir reçus, et qui l'ont déterminé à croire que cette somme
» suffirait. Le projet a toute mon approbation. J'applaudis à la louable
» persévérance avec laquelle M. le ministre poursuit la pacification si
» heureusement commencée l'an dernier. »

» M. le ministre de la guerre dit que la somme demandée n'est pas
» effectivement en rapport avec l'important objet que se propose le
» gouvernement. Il faudrait, pour atteindre ce but, une dépense beau-
» coup plus considérable. « Mais on n'a voulu demander que ce
» qui était absolument nécessaire pour les premiers travaux, ne
» pouvant fixer ce que coûterait le tout. APRÈS LES ENTREVUES QUE LES
» *parlementaires* AURONT PROCHAINEMENT AVEC LES *chefs des tribus*, le
» gouvernement sera plus à même de déterminer le *quantum* indis-
» pensable. Bientôt quelque chose se fera. On ira de l'avant aussi vite
» que possible. »

» M. Vergara dit, en résumé : « IL Y A UN PEU PLUS DE TROIS SIÈCLES
» que des hommes. civilisés *s'occupent* DE RÉDUIRE LES TRIBUS BARBARES
» DE L'ARAUCANIE ; MAIS LA VALEUR ET LA TÉNACITÉ DES INDIENS OPPOSENT
» UNE BARRIÈRE INVINCIBLE. Tous les gouvernements qui se sont suc-
» cédé au Chili ont échoué contre elle ; ce qui prouve qu'une telle en-
» treprise est extrêmement difficile, pour ne pas dire impossible. Porter
» de nouveau la guerre en Araucanie, c'est entrer dans une voie très
» préjudiciable aux finances, sans espoir d'obtenir bientôt le résultat
» qu'on désire. Si le gouvernement était dans l'incertitude du succès,
» je ne voterais pas la somme qu'il demande. Je le prie donc de faire
» savoir où tendent ses opérations militaires et quelles mesures DÉFEN-
» SIVES ou de *protection* il entend employer. »

» M. le ministre de la guerre répond : « Si M. le député a écouté la
» lecture du message du président de la république, concernant le
» sujet qui nous occupe, il a dû en inférer que le gouvernement est
» très éloigné d'entreprendre une campagne militaire qui entraînerait
» à des dépenses considérables, forçant d'élever l'effectif des troupes à
» huit mille hommes au moins, qu'on aurait à tenir sur le pied de
» guerre pendant plusieurs années. Le gouvernement n'a pas d'autre
» projet que de prêter aide et assistance aux malheureuses populations
» d'au-delà du Bio-Bio, lésées dans leurs personnes et dans leurs pro-
» priétés, expulsées de leurs foyers et courbées sous le poids de leur
» misère. »

» M. Vergara reprend : « Après les explications données par M. le
» ministre, desquelles il résulte qu'*aucun fait de guerre ne se pro-*

» *duira à l'encontre des Indiens*, je ne fais aucune difficulté d'ap-
» prouver le projet : toutes mes objections tombent d'elles-mêmes. Je
» suis heureux d'apprendre que rien d'agressif ne sera tenté, CAR LA
» GUERRE AVEC LES INDIENS ARAUCANIENS SERAIT UNE GUERRE SANS FIN. »
» La loi fut votée.
» Comme on le voit, le gouvernement chilien a donc reconnu :
» 1° Qu'il y a des frontières, c'est-à-dire une ligne de séparation en-
» tre le Chili et l'Araucanie ;
» 2° Que jamais il n'a pu soumettre les Araucaniens. »
» Comme je l'ai déjà dit, si M. le ministre du Chili n'avait pas
ignoré ces deux documents authentiques, il n'aurait pas allégué que les
tribus araucaniennes sont soumises à son gouvernement au même titre
que les tribus arabes de l'Algérie sont soumises à la France ?
» Il n'aurait pas dit non plus que l'Araucanie n'a jamais cessé de
faire partie intégrante du Chili, puisque son gouvernement reconnaît
qu'elle ne lui a jamais appartenu ?
» La France n'a jamais eu la vaine prétention d'étendre sa suzerai-
neté sur les peuples qu'elle n'a pas soumis et qui, par conséquent, ne
sont pas sous sa domination.
» La France gouverne et domine les tribus arabes, et le Chili est encore à la porte de l'Araucanie.
» En conséquence, la souscription reste ouverte dans les bureaux de
la *Gazette des Étrangers*, 19, rue de Provence, à Paris, et je prie
tous les journaux qui s'intéressent aux idées patriotiques de vouloir
bien l'annoncer à leurs lecteurs ; ceux de province qui me portent intérêt sont priés d'ouvrir dans leurs bureaux ma souscription et d'envoyer
le produit à M. le rédacteur en chef de la *Gazette des Étrangers*.
» J'espère, monsieur le rédacteur, que vous voudrez bien publier
ma lettre dans un des plus prochains numéros de votre estimable journal, et je vous prie d'agréer, avec mes remerciements, mes civilités
empressées.

» Prince O.-A. DE TOUNENS. »

J'ajouterai à cette lettre que le débarquement que nous fe-
rons en Araucanie ne peut pas être illicite, puisque ce pays
m'appartient en ma qualité de chef, et non au Chili. D'un autre côté, les Chiliens ayant toujours été repoussés par les indigènes, devant lesquels ils tremblent comme des enfants,
comment pourront-ils venir nous prendre parmi eux ? M. Rosalès pense-t-il que lorsqu'il y aura quelques milliers de Français joints aux Araucaniens, l'entrée de l'armée chilienne sera

plus facile en Araucanie? Évidemment non! J'ai donc la certitude que non-seulement nous ne serons pas traités en pirates, mais que nous ne serons pas même inquiétés. Quand même nous le serions, M. Rosalès croit-il que nous nous laisserions prendre et égorger comme des moutons? Certainement non! J'ai la conviction, au contraire, qu'une petite troupe française, appuyée par trente mille indigènes, aura bientôt appris au Chili à respecter les traités qui ont été faits entre les deux pays.

Quant aux soldats chiliens, que le sort des armes pourrait faire tomber entre mes mains, M. Rosalès peut être certain que mon gouvernement ne sera point un repaire, et que ses prisonniers seront traités loyalement, comme les Français ont l'habitude de traiter l'ennemi.

Je répète donc ici que tous ceux qui désireraient venir en Araucanie ne doivent pas être intimidés, ni arrêtés par les menaces de M. Rosalès, qui ne sont qu'illusoires pour moi, qui connais tout le littoral de l'Araucanie et du Chili, et qui sais que les soldats chiliens sont des plus mauvais tireurs du globe. Ainsi donc, il ne faut pas s'y arrêter. Ceux qui voudront venir, quand même ils n'auraient pas d'argent, sont priés de me donner leur adresse, conforme à ma lettre publiée p. 11 et 12 de la présente brochure. Cette adresse ne les engage en rien.

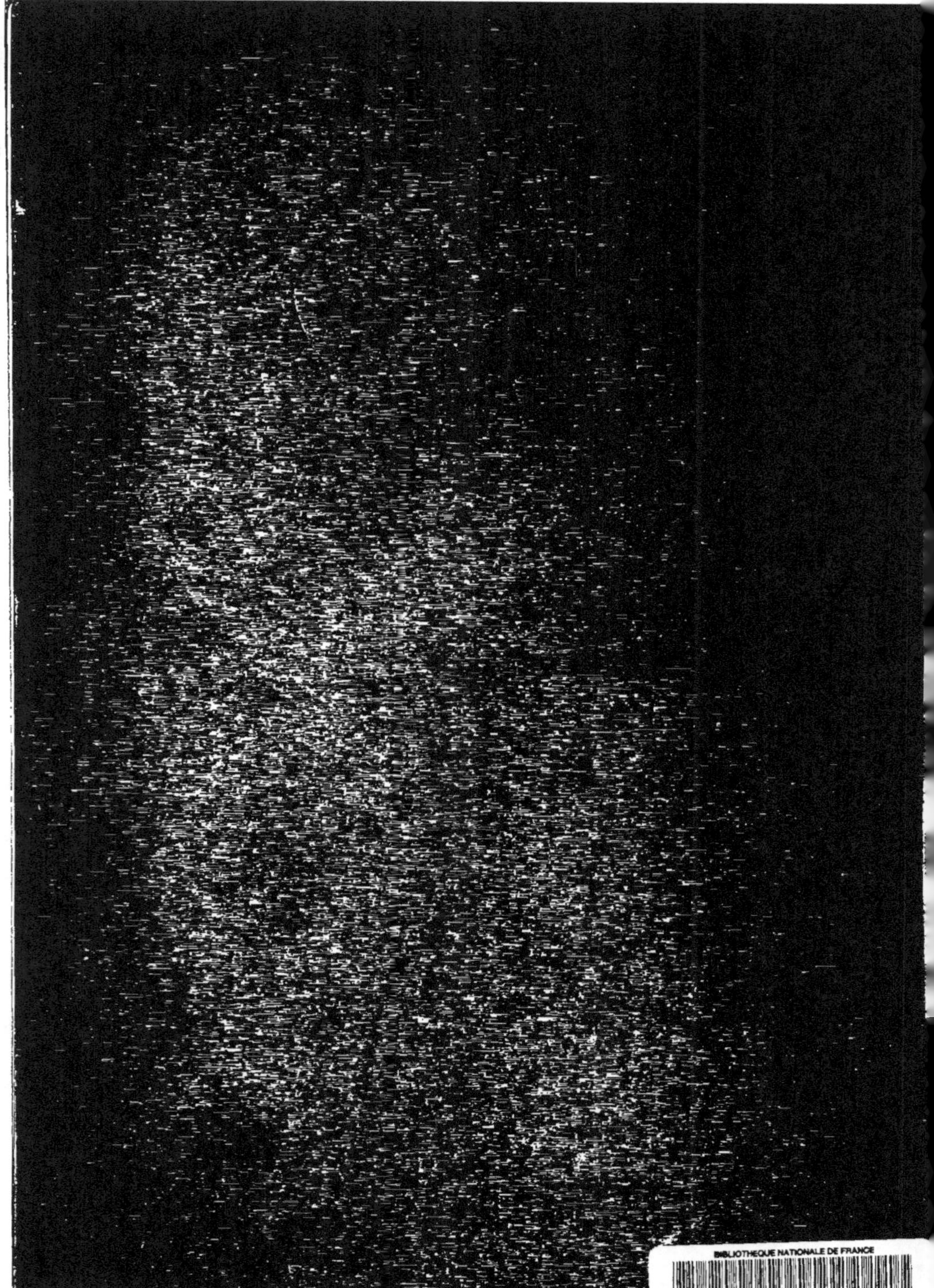